CORNELIA SCHINHARL

CURRYS

FOTOGRAFIE: JUNI, COCO LANG

INHALT

Öffnen Sie die Klappen dieses Buches.
Dort finden Sie die wichtigsten Infos zum Thema auf einen Blick!

DAS PRINZIP: CURRY

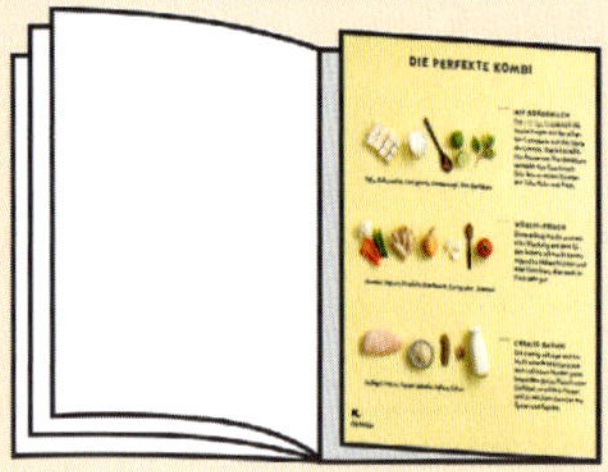

DIE PERFEKTE KOMBI

Immer griffbereit:

SO GEHT'S: CURRYPULVER ZUBEREITEN

Immer griffbereit:

SO GEHT'S: CURRYPASTE ZUBEREITEN

GU **CLOU**

Wussten Sie schon, dass ...? Entdecken Sie bei einigen ausgewählten Rezepten ganz besondere Tipps mit verblüffendem Insiderwissen. Aha-Momente garantiert!

Mit diesem Symbol sind alle vegetarischen Gerichte gekennzeichnet.

Sammeln Ihrer Lieblingsrezepte mit der »GU Kochen Plus«-App (siehe S. 64)

REZEPTKAPITEL

CORNELIA SCHINHARL

Ob indisch oder thailändisch, ob mit Gemüse, Fleisch oder Fisch – Currys finde ich super. Sie sind einfach und meist schnell gemacht, schon beim Zubereiten verbreitet sich ein tolles Aroma in der Küche und meine Gäste machen die exotischen Eintopfgerichte glücklich!

Was ist eigentlich ein Curry?

Der Ursprung des Namens soll der Kari sein, ein großer Topf, in dem in Indien seit jeher die verschiedensten Gerichte gekocht wurden. Die Engländer mochten das würzige Essen und haben der Würzmischung den Namen Curry gegeben. Außer in Indien gibt's die würzigen Eintopfgerichte unter anderem auch in Thailand, Indonesien, Malaysia und in der Karibik.

Wie halte ich es mit der Schärfe?

Mehr oder weniger davon haben ja alle Currys. Aber ich finde, die Schärfe darf nicht so stark sein, dass der Geschmack der übrigen Zutaten darunter leidet oder sogar ganz untergeht. Ich nehme deshalb immer erst mal etwas weniger von Chili, Currypaste und Co. Nachschärfen geht ja immer!

Wo kaufe ich die Zutaten ein?

Die meisten Zutaten, die ich für die Currys verwende, bekomme ich mittlerweile in gut sortierten Supermärkten. Was ich jedoch dort nicht finde, kaufe ich im Asialaden. Ist beides nicht möglich, bietet der Onlinehandel inzwischen wirklich alles für die Zubereitung der Currys.

Und was gibt es dazu?

Also, klassisch ist natürlich Reis, am besten ein fein duftender wie der Basmatireis. Oder weiches Fladenbrot, mit dem man die Saucen so schön auftunken kann. Aber ich mag Currys auch mal mit Nudeln, z. B. asiatischen Reis-, Buchweizen- oder Weizennudeln. Und zu vielen Currys schmeckt mir auch mal was ganz Untypisches: (Süß)Kartoffelpüree. Unbedingt mal ausprobieren, z. B. mit einem Fischcurry.

VEGGIE-CURRY MIT 5 ZUTATEN

1 mittelgroßen Blumenkohl waschen und in Röschen teilen.

3 TL scharfes Currypulver …

… und 1 TL Bockshornkleesamen mischen.

2 EL neutrales Öl in einen Wok oder eine Pfanne mit Deckel geben.

2 EL geröstete gesalzene Cashewkerne hacken.

Das Öl erhitzen. Die Gewürze darin andünsten. Den Blumenkohl kurz mitdünsten. Mit 150 ml Wasser ablöschen und salzen. Zugedeckt bei mittlerer Hitze in 5–7 Min. bissfest garen. Das Curry abschmecken und mit den Cashewkernen bestreuen. Mit Reis und Joghurt servieren.

GEMÜSE, TOFU UND CO.

Für 4 Personen • 35 Min. Zubereitung • Pro Portion ca. 255 kcal, 8 g E, 19 g F, 10 g KH

GRÜNES GEMÜSE-CURRY MIT KOKOSMILCH

VEGAN

1 Kohlrabi
300 g Brokkoli
1 Stange Lauch
250 g Spinat
Salz
1 Bio-Limette
400 g Kokosmilch (aus der Dose)
3 TL Thai-Currypaste (selbstgemacht oder Asienladen)
2 Zweige Thai-Basilikum (Asienladen)
2 TL Palmzucker (ersatzweise brauner Zucker)
1 TL gemahlene Kurkuma

GUT ZU WISSEN
Kokosmilch gibt es inzwischen in jedem Supermarkt, im Tetrapack oder in der Dose, in verschiedenen Größen. Ebenfalls gut und weniger üppig: Kokosmilch light mit weniger Kalorien.

1 Kohlrabi schälen und in ca. 1 cm große Würfel schneiden. Brokkoli putzen, waschen und in Röschen teilen. Den Stiel schälen und ca. 1 cm groß würfeln. Lauch putzen, längs durchschneiden und waschen, auch zwischen den Schichten. Den Lauch quer in 1 cm breite Streifen schneiden. Spinat verlesen, grobe Stiele entfernen und Spinat waschen.

2 In einem Topf Wasser zum Kochen bringen und salzen. Den Kohlrabi und den Brokkoli darin 2 Min. sprudelnd kochen lassen. Den Lauch 1 Min. mitkochen. Dann den Spinat dazugeben und zusammenfallen lassen. Das Gemüse in einem Sieb kalt abschrecken, gut abtropfen lassen.

3 Die Limette heiß waschen und abtrocknen, die Hälfte der Schale fein abreiben, die restliche Schale dünn abschälen und in Streifen schneiden. Den Saft auspressen.

4 In einem Topf die Kokosmilch mit der Currypaste und 100 ml Wasser gründlich verrühren und zum Kochen bringen. Die Sauce 3 Min. bei mittlerer Hitze leicht kochen lassen. Inzwischen das Thaibasilikum waschen und trocken schütteln. Die Blättchen abzupfen und nach Belieben hacken.

5 Die Kokossauce mit dem Zucker, dem Kurkuma, der abgeriebenen Limettenschale, dem Limettensaft (ca. 4 EL) und Salz abschmecken. Das Gemüse einrühren und noch 1–2 Min. darin leicht kochen lassen. Das Curry mit den Limettenschalenstreifen und dem Basilikum bestreut servieren. Dazu passt Reis.

Für 4 Personen • 40 Min. Zubereitung • Pro Portion ca. 255 kcal, 15 g E, 17 g F, 10 g KH

SPITZKOHL-PAPRIKA-CURRY

GELINGT LEICHT

1 kleiner oder ½ Spitzkohl (ca. 350 g)
2 rote Paprika
1 Stück Ingwer (ca. 3 cm lang)
2 Frühlingszwiebeln
400 g Tofu
4 EL Öl
Salz
2 ½ TL Sambal Oelek
1 TL gemahlener Koriander
1 Prise Zimtpulver
200 g Kokosmilch (aus der Dose)

1 Spitzkohl waschen, längs vierteln, vom Mittelstrunk befreien und quer in schmale Streifen schneiden. Paprika waschen, vierteln, entkernen und quer in Streifen schneiden. Ingwer schälen und fein hacken. Frühlingszwiebeln waschen, putzen und mit dem Grün in feine Ringe schneiden. Etwas Grün beiseitelegen.

2 Tofu trocken tupfen und gut 1 cm groß würfeln. In einem großen Topf 2 EL Öl erhitzen. Tofu salzen und darin rundherum hellbraun anbraten. Herausnehmen und warm halten.

3 Im restlichen Öl Ingwer, Paprika und Kohl unter Rühren kräftig anbraten. Sambal, Koriander und Zimt dazugeben und kurz mitbraten. Die Kokosmilch und 100 ml Wasser untermischen. Das Curry salzen und zugedeckt ca. 5 Min. köcheln lassen, dann den Tofu dazugeben. Curry abschmecken und mit dem Zwiebelgrün bestreut servieren.

Für 4 Personen • 35 Min. Zubereitung • Pro Portion ca. 230 kcal, 16 g E, 14 g F, 11 g KH

INGWER-TOFU-CURRY

SCHNELL

500 g Tofu
1 Stück Ingwer (ca. 5 cm lang)
½ Bio-Limette
2 TL Kurkumapulver
Salz
600 g Tomaten (frisch oder aus der Dose)
2 Zwiebeln
3 Knoblauchzehen
2 grüne Chilischoten
2 EL Öl
1 EL gehacktes Koriandergrün zum Bestreuen

1 Den Tofu trocken tupfen und gut 1 cm groß würfeln. 1/3 vom Ingwer schälen und durch eine Knoblauchpresse drücken. Die Limette waschen, abtrocknen, die Schale abreiben und den Saft auspressen. Den Tofu mit der Limettenschale, dem Kurkuma, einer Prise Salz und dem gepressten Ingwer marinieren. Frische Tomaten mit kochendem Wasser überbrühen, häuten und klein würfeln.

2 Zwiebeln, Knoblauch und restlichen Ingwer schälen und fein hacken. Chilischoten waschen, vom Stiel befreien und mit den Kernen klein schneiden. Alles im Mörser so fein wie möglich zerreiben.

3 Das Öl in einem Wok erhitzen, die Zwiebel-Chili-Mischung darin unter Rühren andünsten. Die Tomaten mit 100 ml Wasser dazugeben und offen ca. 10 Min. leicht einkochen, dabei ab und zu umrühren. Mit Limettensaft und Salz abschmecken. Tofu untermischen und erwärmen. Das Curry mit Koriandergrün bestreut servieren.

Für 4 Personen • 30 Min. Zubereitung • 55 Min. Garen • Pro Portion ca. 250 kcal, 6 g E, 20 g F, 11 g KH

FEINWÜRZIGES TOMATEN-CURRY

GRUNDREZEPT

1,2 kg Tomaten
1 rote Chilischote
1 Zwiebel
2 Knoblauchzehen
1 Stück Ingwer (ca. 2 cm lang)
3 EL Öl
1 TL Zimtpulver
½ TL gemahlener schwarzer Pfeffer
¼ TL gemahlene Gewürznelken
½ EL getrocknete Curryblätter (Asienladen)
250 g Kokosmilch (aus der Dose)
Salz

MEHR DARAUS MACHEN
Ein geniales Curry: Es schmeckt pur, aber auch mit Paneer, Garnelen, Fischwürfeln oder Hähnchenstreifen. Garnelen, Fisch und Hähnchen die letzten 5 Min. mitgaren, Paneer-Würfel nur kurz darin erwärmen.

1 Die Tomaten mit kochendem Wasser überbrühen und häuten. Etwa ein Drittel der Tomaten in Scheiben schneiden und die Scheiben je nach Größe noch einmal halbieren oder vierteln. Die restlichen Tomaten klein würfeln.

2 Die Chilischote waschen, vom Stiel befreien und mit den Kernen fein hacken. Die Zwiebel, den Knoblauch und den Ingwer schälen und sehr fein schneiden.

3 In einem Topf 1 EL Öl erhitzen. Zwiebel, Knoblauch, Ingwer und Chili darin unter Rühren andünsten. Zimt, Pfeffer und Nelken darüber streuen und mitandünsten. Die Curryblätter zerkrümeln und untermischen.

4 Die gewürfelten Tomaten und die Kokosmilch hinzufügen und alles offen bei mittlerer Hitze ca. 45 Min. köcheln lassen, bis die Sauce leicht dickflüssig wird. Immer wieder durchrühren.

5 In einer Pfanne das restliche Öl erhitzen. Die Tomatenscheiben einlegen und bei starker Hitze 2 Min. braten, dann wenden und nochmals ca. 2 Min. braten. Mit Salz abschmecken.

6 Die Sauce ebenfalls mit Salz abschmecken, über die Tomatenscheiben gießen und alles noch ca. 5 Min. köcheln lassen. Nochmals abschmecken und servieren. Dazu passt Reis.

Für 4 Personen • 35 Min. Zubereitung • Pro Portion ca. 270 kcal, 6 g E, 12 g F, 33 g KH

GELBES KARTOFFEL-CURRY

SCHARF

900 g festkochende Kartoffeln
2 Schalotten
2 rote Chilischoten
4 Knoblauchzehen
1 Stück Ingwer (ca. 4 cm lang)
3 EL Ghee (ersatzweise Butterschmalz)
2 TL gelbe Senfsamen
2 TL Kurkumapulver
Salz
½ Bund Koriandergrün
150 g griechischer Joghurt (10 % Fett)

1 Die Kartoffeln schälen und gut 1 cm groß würfeln. Die Schalotten schälen, vierteln und in breite Streifen schneiden. Die Chilischoten waschen, putzen und sehr fein hacken. Den Knoblauch und den Ingwer schälen, würfeln und ebenfalls sehr fein hacken.

2 In einem breiten Topf das Ghee zerlassen. Die Senfsamen darin bei mittlerer Hitze braten, bis sie anfangen zu springen. Kurkuma, Schalotten, Chili, Ingwer und Knoblauch dazugeben und kurz weiterbraten. Dann die Kartoffeln untermischen. 400 ml Wasser angießen, salzen und die Kartoffeln zugedeckt bei mittlerer Hitze in ca. 15 Min. nicht zu weich schmoren.

3 Koriander waschen, trocken schütteln und die Blättchen grob hacken. Den Topf vom Herd ziehen, Joghurt unter das Curry rühren und alles mit Salz abschmecken. Mit Koriander bestreut servieren.

Für 4 Personen • 30 Min. Zubereitung • Pro Portion ca. 495 kcal, 20 g E, 41 g F, 8 g KH

SPINAT-CURRY MIT PANEER

INDISCHER KLASSIKER

500 g Spinat
Salz
2 Zwiebeln
1 Stück Ingwer (ca. 5 cm lang)
2 grüne Chilischoten
2 EL Ghee (ersatzweise Butterschmalz)
1 TL Kurkumapulver
2 TL gemahlener Kreuzkümmel
2 TL Garam Masala (indische Gewürzmischung)
250 g Sahne (ersatzweise Kokosmilch)
250 g Paneer (indischer Weichkäse, Asienladen)

1 Den Spinat verlesen, von groben Stielen befreien und waschen. Wasser zum Kochen bringen und salzen. Den Spinat darin einmal kräftig aufkochen lassen, abgießen und kalt abschrecken. Den Spinat gut ausdrücken und fein hacken. Die Zwiebeln schälen, vierteln und in Streifen schneiden. Den Ingwer schälen und sehr fein hacken. Die Chilischoten waschen, putzen, entkernen und fein hacken.

2 In einem Wok das Ghee erhitzen, die Zwiebeln darin bei mittlerer Hitze unter Rühren ca. 5 Min. andünsten. Dann Ingwer, Chili und alle Gewürze dazugeben und kurz mitandünsten. Den Spinat mit der Sahne und ca. 150 ml Wasser dazugeben, mit Salz abschmecken und 5 Min. offen köcheln lassen.

3 Den Paneer in Würfel schneiden, vorsichtig unter den Spinat heben und nur warm werden lassen. Das Curry abschmecken und servieren. Dazu schmeckt Basmatireis.

Für 4 Personen • 35 Min. Zubereitung • Pro Portion ca. 345 kcal, 16 g E, 27 g F, 9 g KH

EIER-CURRY MIT JOGHURT

GÜNSTIG

8 Eier (M)
1 Stück Ingwer (ca. 2 cm lang)
4 Knoblauchzehen
2 grüne Chilischoten
2 große Zwiebeln
4 EL Öl
2 TL Kurkumapulver
Salz
1 TL brauner Zucker
einige Zweige Koriandergrün
200 g griechischer Joghurt (10 % Fett)

1 Die Eier anstechen und mit Wasser bedeckt in einem Topf zum Kochen bringen. Die Eier in ca. 7 Min. hart kochen, dann kalt abschrecken und etwas abkühlen lassen.

2 Inzwischen den Ingwer und den Knoblauch schälen und fein hacken. Die Chilischoten waschen, vom Stielansatz befreien und mit den Kernen in feine Ringe schneiden. Die Zwiebeln schälen, vierteln und in Streifen schneiden.

3 In einem Topf 2 EL Öl erhitzen. Den Ingwer, den Knoblauch und die Chiliringe darin unter Rühren andünsten. Das Kurkumapulver darüber stäuben und kurz anschwitzen. 200 ml Wasser angießen, die Sauce salzen und offen bei mittlerer Hitze ca. 10 Min. köcheln lassen.

4 In einer Pfanne das restliche Öl erhitzen. Die Zwiebeln mit dem Zucker einrühren und bei mittlerer Hitze unter Rühren ca. 10 Min. dünsten, bis sie karamellbraun werden. Zwischendurch umrühren.

5 Die Eier schälen und vierteln. Den Koriander waschen und trocken schütteln. Die Blättchen abzupfen und fein hacken.

6 Den Joghurt mit dem Koriander und der Hälfte der Zwiebeln unter die Sauce rühren, die Sauce mit Salz abschmecken. Nicht mehr kochen lassen. Die Eiviertel vorsichtig unterheben und nochmals erwärmen. Mit den restlichen Zwiebeln garniert servieren. Dazu schmeckt Reis.

GU CLOU

Damit der Joghurt in der Sauce nicht ausflockt, muss er ausreichend Fett enthalten, wie etwa der griechische mit 10 % Fett. Und wenn der mal nicht zu haben ist: Den Joghurt vor dem Einrühren mit 1 TL Speisestärke mischen.

Für 4 Personen • 45 Min. Zubereitung • Pro Portion ca. 315 kcal, 6 g E, 18 g F, 28 g KH

ROTE-BETE-APFEL-CURRY

VEGAN

600 g Rote Beten
2 Schalotten
1 Stück Ingwer (ca. 2 cm lang)
2 Knoblauchzehen
3 EL Öl
2 TL Sambal Oelek
200 g Kokosmilch (aus der Dose)
Salz
2 Äpfel
1 Bio-Limette
4 Zweige Minze

DAZU PASST
Zwar ungewöhnlich, aber wirklich fein zu diesem Curry, ist Dukkah. Die arabische Gewürz-Nuss-Mischung beim Essen einfach über das Curry streuen.

1 Die Roten Beten schälen (Einmalhandschuhe tragen!) und ca. 1 cm groß würfeln. Die Schalotten schälen, der Länge nach vierteln. Ingwer und Knoblauch schälen und fein hacken.

2 Das Öl in einem Wok erhitzen. Die Roten Beten mit den Schalotten darin andünsten. Den Knoblauch und den Ingwer mit dem Sambal Oelek kurz mitdünsten. Die Kokosmilch und 200 ml Wasser angießen, salzen und zugedeckt bei schwacher Hitze 15–20 Min. garen, bis die Roten Beten fast weich sind.

3 Inzwischen die Äpfel schälen, entkernen und ca. 1 cm groß würfeln. Die Limette waschen, abtrocknen, die eine Hälfte in Scheiben schneiden zum Garnieren. Vom Rest der Limette die Schale abreiben, den Saft auspressen. Apfelstücke und Limettenschale zu den Roten Beten geben und weitere 5 Min. garen. Die Minze waschen und trocken schütteln, die Blättchen abzupfen und grob hacken. Das Curry mit dem Limettensaft nach Belieben abschmecken und mit der Minze und den Limettenscheiben garniert servieren.

Für 4 Personen • 50 Min. Zubereitung • Pro Portion ca. 310 kcal, 17 g E, 7 g F, 44 g KH

LINSEN-CURRY MIT MANGO

FRUCHTIG

250 g schwarze Linsen (Beluga-Linsen)
2 Zwiebeln
1 Stück Ingwer (ca. 4 cm lang)
1 rote Chilischote
1 Mango
½ Bund Koriandergrün
2 TL Bockshornkleesamen
2 EL Öl
4 TL scharfes oder karibisches Currypulver
Salz
1 EL Limettensaft

1 Die Linsen mit 1 Liter Wasser erhitzen und mit halb aufgelegtem Deckel bei mittlerer Hitze in ca. 30 Min. nicht zu weich kochen. Danach abgießen. Inzwischen die Zwiebeln und den Ingwer schälen und fein hacken. Die Chilischote waschen, vom Stielansatz befreien und mit den Kernen fein hacken. Die Mango schälen, das Fruchtfleisch vom Stein schneiden und würfeln. Koriandergrün waschen, trocken schütteln und die Blättchen grob hacken.

2 In einem Topf die Bockshornkleesamen in Öl unter Rühren 1–2 Min. anrösten. Zwiebeln, Ingwer, Chili und Currypulver dazugeben und dünsten. Die Linsen untermengen, 300 ml Wasser angießen und kurz aufkochen, mit Salz abschmecken.

3 Die Mango unter die Linsen mischen und darin erwärmen. Das Linsencurry mit Limettensaft und Salz abschmecken und mit Koriander bestreut servieren. Dazu schmecken Fladenbrot und Joghurt.

*Für 4 Personen • 30 Min. Zubereitung • 8 Std. Einweichen • 1 Std. 30 Min. Garen •
Pro Portion ca. 260 kcal, 11 g E, 9 g F, 33 g KH*

KICHERERBSEN-CURRY

AROMATISCH

200 g getrocknete Kichererbsen
2 Zwiebeln
2 Knoblauchzehen
1 Stück Ingwer (ca. 2 cm lang)
1 grüne Chilischote
2 rote Paprika
2 EL neutrales Öl
1 geh. EL scharfes Currypulver
2 TL gemahlener Kreuzkümmel
200 g stückige Tomaten (aus der Dose)
Salz

1 Die Kichererbsen ca. 8 Std. in Wasser einweichen. Dann in einem Topf mit frischem Wasser bedeckt zum Kochen bringen. Mit halb aufgelegtem Deckel bei mittlerer Hitze in 1–1 ½ Std. nicht zu weich kochen, danach in ein Sieb abgießen.

2 Zwiebeln schälen, vierteln und in feine Streifen schneiden. Knoblauch und Ingwer schälen und fein hacken. Chilischote waschen, putzen und mit den Kernen in feine Ringe schneiden. Paprika waschen, halbieren, Kerne und Trennwände entfernen und die Paprika würfeln.

3 Die Zwiebelstreifen in einem Wok im Öl andünsten. Knoblauch, Ingwer, Chiliringe und Paprika kurz mitandünsten. Curry und Kreuzkümmel untermischen und kurz weiterandünsten. Die Tomaten mit 300 ml Wasser dazugeben und 5 Min. köcheln lassen. Die Kichererbsen untermischen, salzen und offen weitere 10 Min. köcheln lassen. Das Curry abschmecken und servieren.

Für 4 Personen • 40 Min. Zubereitung • Pro Portion ca. 140 kcal, 7 g E, 6 g F, 14 g KH

CREMIGES GEMÜSE-CURRY

VEGAN

150 g grüne Bohnen
150 g Brokkoli
150 g Mangold
1 rote Paprika
1 Stück Ingwer (ca. 3 cm lang)
Salz
2 Tomaten
2 EL Öl
1 TL gelbe Senfsamen
2 TL scharfes Currypulver
50 g rote Linsen

GU **CLOU**

Um für die cremige, sämige Sauce weder Sahne noch Kokosmilch verwenden zu müssen, werden bei diesem Curry geschälte rote Linsen mitgekocht. Sie werden beim Garen so weich, dass sie zerfallen und dadurch die Sauce schön sämig machen!

1 Das Gemüse waschen. Von den Bohnen die Enden abschneiden, eventuell vorhandene Fäden abziehen. Bohnen je nach Länge halbieren oder dritteln. Brokkoli in Röschen teilen, den Stiel schälen und würfeln. Die Mangoldblätter grob hacken. Paprika waschen, halbieren, Kerne und Trennwände entfernen, Paprika würfeln. Ingwer schälen und sehr fein hacken.

2 In einem Topf Wasser zum Kochen bringen und salzen. Die Tomaten ins Wasser legen und 1–2 Min. darin kochen. Mit dem Schaumlöffel herausheben und kalt abschrecken. Die Tomaten häuten und würfeln, dabei den Stielansatz entfernen.

3 Die Bohnen in das noch kochende Wasser geben und ca. 6 Min. garen. Den Brokkoli zu den Bohnen geben und weitere 2–3 Min. kochen. Den Mangold und die Paprikawürfel hinzufügen, nochmals 2 Min. kochen. Das Gemüse in ein Sieb abgießen und gut abtropfen lassen.

4 Das Öl in einem zweiten Topf erhitzen, den Ingwer mit Senfsamen und Currypulver darin andünsten. Die Linsen unterrühren, 350 ml Wasser angießen und alles zugedeckt bei schwacher Hitze 15–20 Min. garen, bis die Linsen fast zerfallen.

5 Die Linsen kräftig mit dem Kochlöffel durchrühren, bis die Sauce cremig ist. Die Tomatenwürfel untermischen und alles mit Salz abschmecken. Kurz köcheln lassen, dann das Gemüse dazugeben und darin wieder heiß werden lassen. Das Curry abschmecken und servieren.

Für 4 Personen • 35 Min. Zubereitung • Pro Portion ca. 115 kcal, 4 g E, 6 g F, 11 g KH

AUBERGINEN-KÜRBIS-CURRY

HERBST-REZEPT

1 Stück Muskatkürbis (ca. 500 g)
500 g Auberginen
2 Frühlingszwiebeln
1 Stück Ingwer (ca. 4 cm lang)
1 TL gelbe Senfsamen
2 EL Ghee (ersatzweise Butterschmalz)
1 EL scharfes oder karibisches Currypulver
2 TL gemahlener Kreuzkümmel
400 g stückige Tomaten (aus der Dose)
Salz
½ Bund Koriandergrün

1 Den Kürbis schälen, von Kernen und Fasern befreien und das Fruchtfleisch ca. 1 cm groß würfeln. Die Auberginen waschen und ebenso würfeln. Frühlingszwiebeln waschen, putzen und mit dem Grün in Ringe schneiden. Den Ingwer schälen und sehr fein hacken.

2 In einem Wok die Senfsamen im Ghee anrösten. Das Currypulver und den Kreuzkümmel kurz mitrösten. Kürbis- und Auberginenwürfel dazugeben und unter Rühren 1–2 Min. andünsten. Dann Frühlingszwiebeln und Ingwer kurz mitdünsten. Die Tomaten und 100 ml Wasser untermischen, salzen und das Gemüse zugedeckt bei mittlerer Hitze ca. 15 Min. garen. Ab und zu umrühren und bei Bedarf noch etwas Wasser hinzufügen.

3 Den Koriander waschen, trocken schütteln und die Blättchen grob hacken. Das Curry abschmecken und mit dem Koriander bestreut servieren. Dazu schmecken Reis und Joghurt.

Für 4 Personen • 35 Min. Zubereitung • Pro Portion ca. 225 kcal, 4 g E, 19 g F, 8 g KH

WINTERGEMÜSE-CURRY

VITAMINREICH

300 g Grünkohl
300 g Weißkohl
1 dicke Stange Lauch
1 Stück Ingwer (ca. 4 cm lang)
2 rote Chilischoten
4 EL Öl
250 g Kokosmilch (aus der Dose)
Salz
½ Bio-Limette
1 TL brauner Zucker
50 g Kokosflocken

1 Die beiden Kohlsorten waschen, von dicken Blattrippen befreien und in ca. 1 cm breite Streifen schneiden. Den Lauch putzen, längs aufschneiden und waschen, auch zwischen den Schichten, dann quer in Streifen schneiden. Ingwer schälen und fein hacken. Die Chilis waschen, putzen und mit den Kernen in Ringe schneiden.

2 In einem großen Topf 2 EL Öl erhitzen und das Gemüse darin andünsten. Den Ingwer und die Chilischoten kurz mitdünsten. Die Kokosmilch und 100–150 ml Wasser dazugeben, das Gemüse salzen und bei mittlerer Hitze zugedeckt in ca. 12 Min. bissfest garen.

3 Inzwischen die Limettenhälfte waschen und abtrocknen, die Schale fein abreiben. Das restliche Öl in einer Pfanne mit dem Zucker erhitzen. Die Kokosflocken darin unter Rühren goldgelb rösten. Die Limettenschale und etwas Salz unterrühren. Das Curry abschmecken und mit den Kokosflocken bestreut servieren.

FLEISCH UND GEFLÜGEL

Für 4 Personen • 35 Min. Zubereitung • 1 Std. 30 Min. Garen • Pro Portion ca. 480 kcal, 42 g E, 32 g F, 6 g KH

LAMM-CURRY MIT PISTAZIEN

WÜRZIG

800 g Lammschulter oder -keule (ohne Knochen)
2 Zwiebeln
4 Knoblauchzehen
1 Stück Ingwer (ca. 2 cm lang)
50 g Pistazienkerne (ungesalzen)
2 EL Ghee (ersatzweise Butterschmalz)
1 EL Garam Masala (indische Gewürzmischung)
½ TL Chilipulver
Salz
1 Döschen Safranfäden (0,1 g)
50 g Sahne

DAZU PASST

Gewürzreis: 250 g Basmatireis in 500 ml Salzwasser zugedeckt bei schwacher Hitze in 15–20 Min. garen. In einer kleinen Pfanne 2 EL Ghee erhitzen, je 1 TL Senfsamen, Kreuzkümmelsamen und gehackten Ingwer darin andünsten. Die Gewürze unter den fertigen Reis heben.

1 Das Lammfleisch trocken tupfen und von alle größeren Fetträndern und Sehnen befreien. Das Fleisch in ca. 2 cm große Stücke schneiden. Die Zwiebeln, den Knoblauch und den Ingwer schälen. Die Zwiebeln und den Knoblauch fein würfeln. Die Pistazienkerne und den Ingwer jeweils fein hacken.

2 In einem Schmortopf das Ghee erhitzen. Die Zwiebeln, den Knoblauch und den Ingwer darin unter Rühren andünsten. Das Garam Masala und das Chilipulver untermischen und ebenfalls unter Rühren kurz mitdünsten.

3 Das Fleisch dazugeben und kurz anbraten. Die gehackten Pistazien einrühren. 100–150 ml Wasser dazugeben, das Curry salzen und zugedeckt bei schwacher Hitze ca. 1 ½ Std. schmoren, bis das Fleisch schön zart ist. Dabei bei Bedarf noch etwas Wasser hinzufügen.

4 Inzwischen die Safranfäden zwischen den Fingern leicht zerreiben, mit 4 EL Wasser mischen und quellen lassen. Nach Ende der Garzeit den Safran und die Sahne unter das Lamm rühren. Das Curry abschmecken und servieren.

Für 4 Personen • 20 Min. Zubereitung • Pro Portion ca. 445 kcal, 28 g E, 35 g F, 4 g KH

SCHNELLES HACKFLEISCH-CURRY

GELINGT LEICHT

2 Knoblauchzehen
2 Schalotten
1 Stück Ingwer (ca. 2 cm lang)
2 EL Öl
1 EL Thai-Currypaste (selbstgemacht oder Asienladen)
600 g Schweinehackfleisch
2 EL helle Sojasauce
1 EL Fischsauce (Asienladen)
1 EL Limettensaft
1 Bund Thai-Basilikum (Asienladen)
Salz

1 Knoblauch, Schalotten und Ingwer schälen. Knoblauch und Ingwer grob hacken und im Mörser so fein wie moglich zerdrücken. Die Schalotten vierteln und in feine Streifen schneiden.

2 Das Öl in einer großen Pfanne oder einem weiten Topf erhitzen. Knoblauch, Ingwer und Schalotten mit der Currypaste unter Rühren darin andünsten. Das Hackfleisch dazugeben und so lange braten, bis es nicht mehr roh aussieht.

3 100 ml Wasser mit der Sojasauce, der Fischsauce und dem Limettensaft dazugeben und ein paar Minuten offen köcheln lassen.

4 Das Basilikum waschen und trocken schütteln. Die Blättchen abzupfen und grob hacken. Unter das Curry mischen und nur zusammenfallen lassen. Mit Salz abschmecken und servieren. Dazu schmecken Reis oder Reisnudeln.

Für 4 Personen • 25 Min. Zubereitung • 1 Std. 30 Min. Garen • Pro Portion ca. 500 kcal, 45 g E, 25 g F, 23 g KH

RINDFLEISCH-SÜSSKARTOFFEL-CURRY

AUS DER KARIBIK

800 g Rindfleisch zum Schmoren (z. B. aus Schulter oder Keule)
2 grüne Chilischoten
1 Stück Ingwer (ca. 4 cm lang)
1 TL Pimentkörner
4 EL Öl
Salz
1 EL karibisches Currypulver
400 g stückige Tomaten (aus der Dose)
2 EL Limettensaft
400 g Süßkartoffeln
4 Zweige Koriandergrün

1 Das Fleisch von größeren Fetträndern und Sehnen befreien und ca. 2 cm groß würfeln. Die Chilischoten waschen, putzen und mit den Kernen in Ringe schneiden. Den Ingwer schälen und fein hacken. Die Pimentkörner im Mörser fein zerdrücken.

2 Das Öl in einem Schmortopf erhitzen, das Fleisch darin portionsweise anbraten, wieder herausnehmen und salzen. Dann Chilis, Ingwer und Piment mit dem Currypulver im Fett andünsten. Tomaten und Limettensaft dazugeben und das Fleisch wieder untermischen. Bei schwacher Hitze zugedeckt 1 ¼ Std. schmoren.

3 Inzwischen Süßkartoffeln schälen, waschen und in gut 1 cm große Würfel schneiden. Unter das Curry mischen und alles weitere 15 Min. schmoren, bis die Süßkartoffeln gar sind. Koriander waschen und trocken schütteln, Blättchen fein hacken. Das Curry abschmecken und mit Koriander bestreut servieren. Dazu schmeckt Fladenbrot.

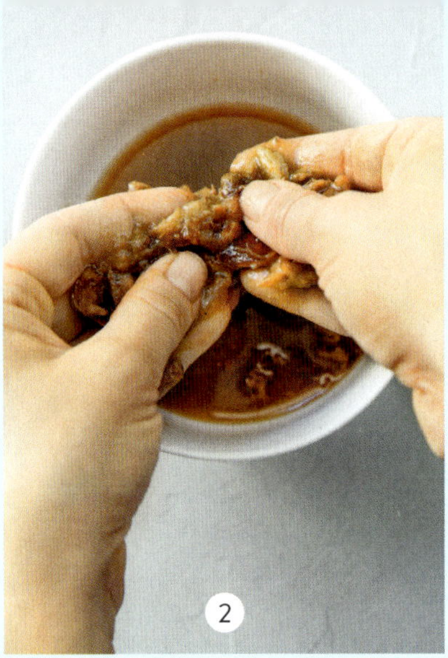

RINDFLEISCH-CURRY MIT TAMARINDE

AUS INDONESIEN

Für 4 Personen • 30 Min. Zubereitung • 1 Std. 30 Min. Garen • Pro Portion ca. 605 kcal, 41 g E, 45 g F, 10 g KH

1 Stück Tamarindenmark
(ca. 50 g, Asienladen)
800 g Rinderschulter oder -keule
4 Frühlingszwiebeln
4 Knoblauchzehen
1 Stück Ingwer (ca. 4 cm lang)
3 EL Öl
Salz
2 TL Sambal Oelek
1 TL Kurkumapulver
2 TL brauner Zucker
250 g Kokosmilch (aus der Dose)

1 Das Tamarindenmark in eine kleine Schüssel geben, mit 200 ml heißem Wasser bedecken und mindestens 15 Min. quellen lassen (Bild 1).

2 Inzwischen das Rindfleisch von größeren Fetträndern und Sehnen befreien und in ca. 2 cm große Würfel schneiden. Die Frühlingszwiebeln waschen und putzen. Das Grün von 2 Zwiebeln abschneiden und beiseitelegen. Die Zwiebeln klein würfeln, das restliche Grün in Ringe schneiden. Den Knoblauch und den Ingwer schälen und fein hacken.

3 Das Tamarindenmark im Wasser mit den Fingern verkneten (Bild 2), durch ein Sieb streichen (Bild 3) und den Tamarindensaft auffangen.

4 In einem Topf das Öl erhitzen. Die Frühlingszwiebeln mit dem Knoblauch und dem Ingwer unter Rühren andünsten. Das Fleisch dazugeben und unter Rühren braten, bis es nicht mehr rot aussieht (Bild 4). Dann das Fleisch salzen und Sambal Oelek, Kurkuma und Zucker gründlich untermischen.

5 Die Kokosmilch mit dem Tamarindensaft dazugeben und gut unterrühren. Das Fleisch zugedeckt bei schwacher Hitze 1–1 ½ Std. schmoren, bis es schön weich ist. Zum Überprüfen mit der Messerspitze einstechen (Bild 5).

6 Das beiseitegelegte Zwiebelgrün in feine Ringe schneiden. Das Curry nochmals abschmecken und mit dem Zwiebelgrün bestreut servieren (Bild 6).

Für 4 Personen • 40 Min. Zubereitung • 8 Std. Ruhen • 1 Std. 30 Min. Garen • Pro Portion ca. 560 kcal, 37 g E, 39 g F, 13 g KH

VINDALOO

SÜDINDISCHER KLASSIKER

800 g Schweineschulter
1 Stück Ingwer (ca. 4 cm lang)
4 Knoblauchzehen
4 getrocknete Chilischoten
50 ml Weißwein- oder Apfelessig
1 EL Garam Masala (indische Gewürzmischung)
1 EL brauner Zucker
3 große Zwiebeln
3 Tomaten
2 EL Öl
Salz

TAUSCH-TIPP

In Goa wird dieses Curry sehr häufig mit Schweinefleisch zubereitet, im restlichen Indien bekommt man es auch mit Rind oder Lamm.

1 Das Fleisch von größeren Fetträndern und Sehnen befreien und in ca. 2 cm große Würfel schneiden. Den Ingwer und den Knoblauch schälen und durch die Presse drücken.

2 Die Chilischoten grob zerkleinern. Die Chilis mit dem Ingwer, dem Knoblauch, dem Essig, dem Garam Masala und dem Zucker fein pürieren. Das Fleisch mit der Gewürzpaste mischen und mindestens 8 Std. im Kühlschrank marinieren.

3 Dann die Zwiebeln schälen, vierteln und in feine Streifen schneiden. Die Tomaten mit kochendem Wasser überbrühen, häuten und würfeln.

4 Das Öl in einem Schmortopf erhitzen und die Zwiebeln darin bei mittlerer Hitze unter Rühren ca. 10 Min. andünsten. Das Fleisch samt Marinade dazugeben und mitdünsten, bis es nicht mehr rot aussieht.

5 100–150 ml Wasser angießen, die Tomaten untermischen und alles salzen. Das Fleisch zugedeckt bei schwacher Hitze etwa 1 ½ Std. schmoren. Dabei ab und zu umrühren und bei Bedarf noch etwas Wasser angießen. Das Curry abschmecken und servieren. Dazu schmeckt Reis und ein Chutney.

Für 4 Personen • 35 Min. Zubereitung • 1 Std. Ruhen • Pro Portion ca. 600 kcal, 41 g E, 39 g F, 15 g KH

ENTEN-CURRY MIT ANANAS

AUS THAILAND

2 Entenbrustfilets
1 Stück Ingwer (ca. 4 cm lang)
1 Bund Koriandergrün
4 EL Fischsauce (Asienladen)
1 TL Honig
1 EL Thai-Currypaste (selbstgemacht oder Asienladen)
400 g Kokosmilch (aus der Dose)
1 EL Limettensaft
200 g Kirschtomaten
200 g ungezuckertes Ananas-Fruchtfleisch (frisch oder aus der Dose)
Salz

1 Die Fettschicht der Entenbrust rautenförmig einschneiden. Den Ingwer schälen, den Koriander waschen, die Blättchen abzupfen. Die Hälfte des Korianders mit dem Ingwer fein hacken. Mit 2 EL Fischsauce und dem Honig verrühren, die Entenbrust damit auf der Fleischseite einreiben und ca. 1 Std. ziehen lassen. Die Entenbrust mit der Fettseite nach unten in einer Pfanne bei mittlerer Hitze in ca. 10 Min. knusprig, aber nicht zu dunkel braten. Wenden und auf der Fleischseite 1–2 Min. braten, dann zum Ruhen in Folie wickeln.

2 Das Bratfett ausgießen. Die Currypaste in der Pfanne anbraten. Die Kokosmilch dazugießen, mit dem Limettensaft und der restlichen Fischsauce abschmecken, 2–3 Min. köcheln lassen. Die Entenbrust in Scheiben schneiden und in die Sauce legen. Die Kirschtomaten waschen, größere halbieren. Die Ananas in Stücke schneiden. Beides zur Ente geben und alles erwärmen. Das Curry salzen und mit dem restlichen Koriander bestreut servieren.

Für 4 Personen • 20 Min. Zubereitung • Pro Portion ca. 375 kcal, 44 g E, 17 g F, 9 g KH

ROTES THAI-HÄHNCHEN-CURRY

SCHNELL

700 g Hähnchenbrustfilet
2 EL Fischsauce (Asienladen)
2 EL helle Sojasauce
3 EL Limettensaft
300 g Kirschtomaten
½ Bund Thai-Basilikum (Asienladen)
1 EL Öl
1 EL Thai-Currypaste (selbstgemacht oder Asienladen)
250 g Kokosmilch (aus der Dose)
2 TL brauner Zucker
Salz

1 Das Hähnchenfleisch trocken tupfen und in knapp 1 cm breite Streifen schneiden. 1 EL Fischsauce, 1 EL Sojasauce und 1 EL Limettensaft mit dem Hähnchenfleisch verrühren. Die Kirschtomaten waschen und halbieren. Das Basilikum waschen, trocken schütteln, die Blättchen abzupfen und grob hacken.

2 Das Öl erhitzen. Die Currypaste einrühren und kurz andünsten. Die Kokosmilch mit 100 ml Wasser dazugeben und aufkochen. Die Sauce mit der restlichen Fisch- und Sojasauce sowie dem restlichen Limettensaft und dem Zucker abschmecken. 5 Min. köcheln lassen.

3 Das Hähnchenfleisch dazugeben und bei mittlerer Hitze ca. 2 Min. in der Sauce garen. Dann die Tomaten untermischen und alles noch einmal 2 Min. garen. Das Curry mit Salz abschmecken und mit dem Basilikum bestreut servieren.

Für 4 Personen • 35 Min. Zubereitung • 8 Std. Marinieren • Pro Portion ca. 355 kcal, 38 g E, 17 g F, 11 g KH

TIKKA MASALA

INDISCHER KLASSIKER

600 g Hähnchenbrustfilet
1 Stück Ingwer (ca. 5 cm lang)
6 Knoblauchzehen
100 g Joghurt
1 ½ TL Chilipulver
2 Zwiebeln
Salz
2 EL Öl
2 TL Garam Masala (indische Gewürzmischung)
300 g stückige Tomaten (aus der Dose)
100 g Sahne

1 Das Hähnchenfleisch trocken tupfen und in ca. 2 cm große Würfel schneiden. Ingwer und Knoblauch schälen, grob hacken und durch die Knoblauchpresse drücken. Beides mit Joghurt und Chilipulver verrühren und mit dem Fleisch mischen. Im Kühlschrank mindestens 8 Std. marinieren.

2 Die Zwiebeln schälen und würfeln. Den Backofen auf 225° vorheizen. Das Backblech mit Backpapier auslegen. Die Fleischwürfel salzen und darauf verteilen. Ca. 15 Min. im Backofen garen, bis sie schön gebräunt sind. Dabei einmal wenden.

3 Inzwischen die Zwiebeln in Öl andünsten. Das Garam Masala kurz mitdünsten. Die Tomaten und 100 ml Wasser dazugeben, die Sauce salzen und offen bei mittlerer Hitze ca. 10 Min. köcheln lassen. Die Sahne unterrühren und die Sauce abschmecken. Das Hähnchenfleisch in die Sauce geben und kurz darin heiß werden lassen.

Für 4 Personen • 35 Min. Zubereitung • 50 Min. Garen • Pro Portion ca.470 kcal, 49 g E, 28 g F, 5 g KH

GESCHMORTES HÄHNCHEN-CURRY

AUS SRI LANKA

1 Poularde (ca. 1,3 kg)
1 Zwiebel
4 Knoblauchzehen
1 Stück Ingwer (ca. 4 cm lang)
2 Tomaten
Salz
2 EL Öl
1 ½ EL mildes Currypulver
1 TL Chilipulver
½ Zimtstange
1 EL frische Curryblätter (ersatzweise getrocknete, Asienladen)

1 Die Poularde trocken tupfen und mit einem großen scharfen Messer und der Geflügelschere in ca. 12 Stücke teilen. Die Zwiebel, den Knoblauch und den Ingwer schälen und sehr fein hacken. Die Tomaten mit kochendem Wasser überbrühen, häuten und würfeln.

2 Die Poulardenstücke salzen. In einem Wok im Öl portionsweise rundherum anbraten und wieder heraus nehmen. Zwiebel, Knoblauch und Ingwer im Bratfett unter Rühren andünsten. Das Currypulver und das Chilipulver darüberstäuben und kurz mitdünsten.

3 Die Tomatenwürfel und 100 ml Wasser dazugeben und unter Rühren zum Kochen bringen. Den Zimt und die Curryblätter dazugeben und die Sauce mit Salz abschmecken. Die Poulardenstücke wieder einlegen und alles bei schwacher Hitze zugedeckt ca. 50 Min. schmoren. Dabei ab und zu wenden und bei Bedarf Wasser nachgießen. Das Curry abschmecken und die Zimtstange entfernen.

FISCH UND MEERESFRÜCHTE

Für 4 Personen • 25 Min. Zubereitung • Pro Portion ca. 220 kcal, 19 g E, 13 g F, 6 g KH

INDISCHES FISCH-CURRY

WÜRZIG

1 getrocknete rote Chilischote
2 frische grüne Chilischoten
1 Stück Ingwer (ca. 2 cm lang)
4 Knoblauchzehen
10 Schalotten
500 g Fischfilet (ohne Haut, z. B. Seeteufel oder Lachs)
2 EL Öl
1 TL gelbe Senfsamen
1 TL Fenchelsamen
1 TL Kurkumapulver
Salz

1 Die getrocknete Chilischote fein zerstoßen. Die frischen Chilis waschen, vom Stielansatz befreien und mit den Kernen in Ringe schneiden. Ingwer, Knoblauch und Schalotten schälen und fein hacken. Das Fischfilet trocken tupfen und ca. 2 cm groß würfeln.

2 Das Öl in einem Wok erhitzen. Die Senfsamen darin bei mittlerer Hitze unter Rühren braten, bis sie zu springen anfangen. Die Fenchelsamen, die Chilis, den Ingwer, den Knoblauch und die Schalotten dazugeben und unter Rühren ca. 5 Min. weitergaren, bis die Schalotten leicht gebräunt sind und weich werden.

3 Das Kurkumapulver kurz mitandünsten. 150 ml Wasser angießen, die Sauce salzen und einmal kräftig aufkochen lassen. Die Fischstücke leicht salzen, in die Sauce legen und zugedeckt bei schwacher Hitze ca. 5 Min. darin ziehen lassen. Fisch und Sauce vorsichtig mischen und abschmecken. Dazu passen Reis und Joghurt.

Für 4 Personen • 25 Min. Zubereitung • Pro Portion ca. 395 kcal, 29 g E, 27 g F, 7 g KH

SPINAT-FISCH-CURRY MIT NÜSSEN

FÜR GÄSTE

2 Schalotten
2 Knoblauchzehen
1 Stück Ingwer (ca. 4 cm lang)
1 Bio-Limette
2 rote Chilischoten
50 g geröstete, gesalzene Erdnusskerne
250 g Kokosmilch (aus der Dose)
1 TL scharfes Currypulver
200 g junger Spinat
Salz
600 g Fischfilet (ohne Haut, z. B. Zander oder Goldbarsch)

1 Die Schalotten, den Knoblauch und den Ingwer schälen und grob hacken. Die Limette waschen und abtrocknen, die Schale fein abreiben und den Saft einer Hälfte auspressen. Die Chilischoten waschen, vom Stielansatz befreien und mit den Kernen fein hacken.

2 In einen hohen Rührbecher Schalotten, Knoblauch, Ingwer, die Limettenschale mit 2 EL Saft, Chilis, Erdnusskerne, Kokosmilch, Currypulver und 100 ml Wasser geben und alles fein pürieren. Den Spinat gründlich waschen und gut abtropfen lassen.

3 Die Sauce in einem Topf zum Kochen bringen und mit Salz abschmecken. Inzwischen das Fischfilet trocken tupfen und in gut 1 cm große Würfel schneiden. Den Spinat unter die Sauce heben und in 1–2 Min. darin zusammenfallen lassen. Den Fisch ebenfalls unter die Sauce heben und in 2–3 Min. darin gar ziehen lassen. Das Curry abschmecken und servieren.

Für 4 Personen • 30 Min. Zubereitung • Pro Portion ca. 340 kcal, 25 g E, 22 g F, 9 g KH

FISCH MASALA MIT CASHEWS

EINFACH

2 EL Cashewkerne (ungesalzen)
1 Stück Ingwer (ca. 2 cm lang)
2 grüne Chilischoten
4 Tomaten
2 EL Öl
1 TL Bockshornkleesamen
3 TL Garam Masala (indische Gewürzmischung)
Salz
600 g Fischfilet (ohne Haut, z. B. Zander oder Goldbarsch)
200 g griechischer Joghurt (10 % Fett)
¼ Bund Koriandergrün

GUT ZU WISSEN

Man sieht Chilis die Schärfe einfach nicht an. Und die Regel »je kleiner, desto schärfer« stimmt auch nicht immer. Da hilft nur probieren. Chili aufschneiden, mit der Fingerspitze über die Schnittfläche und mit diesem Finger über die Zungenspitze streichen. So spürt man die Schärfe schnell und gefahrlos.

1 Die Cashewkerne fein hacken. Den Ingwer schälen und hacken. Die Chilischoten waschen, vom Stielansatz befreien und mit den Kernen ebenfalls hacken. Ingwer und Chili im Mörser fein zerstoßen. Die Tomaten mit kochendem Wasser überbrühen, häuten und in kleine Würfel schneiden.

2 Das Öl in einem Wok erwärmen. Die Bockshornkleesamen darin kurz andünsten. Dann die Ingwerpaste dazugeben und ebenfalls kurz andünsten. Das Garam Masala und die Cashewkerne dazugeben und einige Minuten unter Rühren braten.

3 Die Tomatenwürfel und 100 ml Wasser dazugeben, die Sauce mit Salz würzen und bei mittlerer Hitze offen ca. 10 Min. köcheln lassen.

4 Inzwischen den Fisch trocken tupfen und in ca. 1 cm große Würfel schneiden. Den Joghurt unter die Sauce mischen und einmal kräftig aufkochen lassen. Den Fisch unter die Sauce heben und in 2–3 Min. darin gar ziehen lassen.

5 Den Koriander waschen, trocken schütteln und die Blättchen fein hacken. Das Masala abschmecken und mit dem Koriander bestreut servieren. Dazu schmeckt Reis oder Fladenbrot.

Für 4 Personen • 30 Min. Zubereitung • Pro Portion ca. 285 kcal, 27 g E, 17 g F, 6 g KH

FEINES GARNELEN-GURKEN-CURRY

FÜR GÄSTE

500 g geschälte rohe Garnelen (küchenfertig)
1 Stück Ingwer (ca. 3 cm lang)
1 Bund Frühlingszwiebeln
1 Salatgurke
4 Kaffir-Limettenblätter (TK, Asienladen)
2 EL neutrales Öl
1 EL Thai-Currypaste (selbstgemacht oder Asienladen)
200 g Kokosmilch (aus der Dose)
100 ml Gemüsebrühe
4 Zweige Minze
Salz

1 Die Garnelen trocken tupfen. Den Ingwer schälen, sehr fein hacken und mit den Garnelen mischen. Die Frühlingszwiebeln waschen, putzen und mit dem Grün in Ringe schneiden. Die Gurke schälen, längs halbieren, entkernen und quer in ca. ½ cm breite Scheiben schneiden. Die Limettenblätter in Streifen schneiden.

2 Das Öl in einem Wok erhitzen. Frühlingszwiebeln und Gurke darin unter Rühren andünsten. Die Currypaste dazugeben und kurz mitdünsten. Die Kokosmilch und die Gemüsebrühe angießen, die Limettenblätter dazugeben und ca. 5 Min. offen köcheln lassen.

3 Dann die Garnelen in die Sauce legen und zugedeckt in 2–3 Min. darin gar ziehen lassen. Inzwischen die Minze waschen und trocken schütteln. Die Blättchen abzupfen und fein hacken. Das Curry mit Salz abschmecken und mit der Minze bestreut servieren. Dazu schmeckt duftender Basmati-Reis.

Für 4 Personen • 30 Min. Zubereitung • Pro Portion ca. 225 kcal, 29 g E, 9 g F, 5 g KH

GARNELEN-CURRY MIT TAMARINDE

WÜRZIG

1 Stück Tamarindenmark (ca. 50 g, Asienladen)
2 grüne Chilischoten
2 Knoblauchzehen
1 Stück Ingwer (ca. 2 cm lang)
2 TL Koriandersamen
1 TL Kurkumapulver
600 g geschälte rohe Garnelen (küchenfertig)
1 EL Öl
100 g Kokosmilch (aus der Dose)
Salz
4 Zweige Koriandergrün

1 Das Tamarindenmark in 150 ml heißem Wasser mindestens 15 Min. quellen lassen. Dann das Tamarindenmark im Wasser durchkneten, durch ein Sieb streichen und den Saft auffangen.

2 Chilischoten waschen und putzen. Knoblauch und Ingwer schälen und mit den Chilis grob hacken. Die Mischung mit Koriander, Kurkuma und 2 EL Wasser zu einer feinen Gewürzpaste pürieren.

3 Die Garnelen trocken tupfen. Das Öl in einem Wok erhitzen. Die Gewürzpaste darin kurz andünsten. Die Kokosmilch und den Tamarindensaft dazugeben und alles ca. 5 Min. offen köcheln lassen. Die Sauce mit Salz abschmecken und die Garnelen einlegen. Zugedeckt bei schwacher Hitze in 2–3 Min. darin gar ziehen lassen.

4 Den Koriander waschen und trocken schütteln. Die Blättchen fein hacken. Das Curry damit bestreuen und servieren.

Für 4 Personen • 50 Min. Zubereitung • Pro Portion ca. 375 kcal, 29 g E, 24 g F, 9 g KH

TINTENFISCH-CURRY

AUS INDONESIEN

4 Schalotten
4 Knoblauchzehen
1 Stück Ingwer (ca. 4 cm lang)
2 Stängel Zitronengras (Asienladen)
600 g Tintenfisch-Tuben (küchenfertig)
4 EL Öl
3 TL Sambal Oelek
1 TL Palmzucker (ersatzweise brauner Zucker)
250 g Kokosmilch (aus der Dose)
2 EL Limettensaft
Salz

GUT ZU WISSEN

Tintenfisch muss entweder ziemlich kurz gebraten oder lange geschmort werden, damit er schön zart wird. Falls er nach dem Anbraten nicht weich ist, alles zugedeckt bei schwacher Hitze so lange schmoren, bis er butterzart ist.

1 Die Schalotten und den Knoblauch schälen und sehr fein hacken. Den Ingwer schälen und fein reiben. Das Zitronengras waschen, die äußere Schicht entfernen und die beiden Enden abschneiden. Das Zitronengras sehr fein hacken. Für eine sämige Sauce die Zutaten nach Belieben zusätzlich pürieren.

2 Die Tintenfisch-Tuben waschen und trocken tupfen. Den Tintenfisch in Ringe oder Streifen schneiden. Die Hälfte des Öls in einer hohen Pfanne oder einem Wok erhitzen. Den Tintenfisch darin bei starker Hitze unter Rühren 2–3 Min. anbraten und wieder herausnehmen.

3 Die Schalotten, den Knoblauch, den Ingwer und das Zitronengras im restlichen Öl unter Rühren andünsten. Das Sambal Oelek und den Palmzucker untermischen und kurz mitdünsten.

4 Die Kokosmilch und 100 ml Wasser zu den Gewürzen gießen und gut verrühren. Die Sauce mit dem Limettensaft und etwas Salz abschmecken.

5 Die Tintenfischringe dazugeben und 5 Min. in der Sauce köcheln lassen. Prüfen, ob die Tintenfischringe weich sind, sonst bei niedriger Hitze weiterschmoren lassen (siehe Tipp). Das Curry noch einmal abschmecken und servieren. Dazu passt Fladenbrot oder Reis.

GEWÜRZE UND SAUCEN

Für 1 Schraubglas (ca. 100 g) • 20 Min. Zubereitung • Pro Glas ca. 225 kcal, 7 g E, 8 g F, 30 g KH

INDISCHES GARAM MASALA

MILD

4 schwarze Kardamomkapseln (Asienladen) • 2 EL Koriandersamen • 1 ½ EL Kreuzkümmelsamen • 1 EL schwarze Pfefferkörner • ½ EL Fenchelsamen • 1 Gewürznelke • 1 Stück Zimtstange (2 cm lang) • 1 Sternanis • frisch geriebene Muskatnuss

1 Die Kardamomkapseln mit einem großen schweren Messer zerdrücken und die Samen herauslösen. Alle Gewürze außer dem Muskat in einer Pfanne bei mittlerer Hitze unter Rühren kurz rösten, bis sie fein zu duften beginnen. Dunkel sollen sie nicht werden, sonst bekommt die Gewürzmischung eine bittere Note.

2 Die Gewürze in den Mörser geben und so fein wie möglich zerstoßen. 1 Prise Muskat untermischen und das Pulver zum Aufbewahren in ein Schraubglas füllen. Lichtgeschützt ist die Mischung etwa 1 Jahr haltbar.

Für 1 Schraubglas (ca. 100 g) • 20 Min. Zubereitung • Pro Glas ca. 360 kcal, 13 g E, 12 g F, 47 g KH

SCHARFE CURRY-MISCHUNG

WÜRZIG

2 EL Koriandersamen • 1 ½ EL Kreuzkümmelsamen • 5 getrocknete rote Chilischoten • ½ EL Fenchelsamen • 2 TL Bockshornklee • 2 TL gelbe Senfsamen • 1 TL Piment • 1 Stück Zimtstange (2 cm lang) • ½ EL getrocknete Curryblätter (Asienladen) • 1 ½ EL Kurkumapulver

1 Alle Gewürze außer dem Kurkumapulver in einer Pfanne bei mittlerer Hitze unter Rühren kurz rösten, bis sie fein zu duften beginnen. Dunkel sollen sie nicht werden, sonst bekommt die Gewürzmischung eine bittere Note.

2 Die Gewürze in den Mörser geben und so fein wie möglich zerstoßen. Das Kurkumapulver gründlich untermischen.

3 Das Currypulver zum Aufbewahren in ein Schraubglas füllen. Lichtgeschützt ist die Mischung ewa 1 Jahr haltbar.

Für 1 Schraubglas (ca. 100 g) • 20 Min. Zubereitung • Pro Glas ca. 525 kcal, 12 g E, 35 g F, 32 g KH

KARIBISCHE CURRY-MISCHUNG

FRUCHTIG

½ Bio-Limette • 2 EL Koriandersamen • 1 EL Kreuzkümmelsamen • 2 getrocknete rote Chilischoten • 2 TL Bockshornklee • 2 TL braune Senfsamen • 1 Gewürznelke • 2 Lorbeerblätter • 40 g Kokosflocken

1 Die Limettenhälfte waschen und abtrocknen, die Schale fein abreiben. Alle Gewürze außer Limette und Kokos in einer Pfanne bei mittlerer Hitze unter Rühren kurz anrösten, bis die Gewürze fein zu duften beginnen. Die Kokosflocken und die Limettenschale untermischen und alles noch etwas weiterrösten. Dunkel sollen die Gewürze nicht werden, sonst bekommt die Gewürzmischung eine bittere Note.

2 Die Mischung im Mörser so fein wie möglich zerstoßen und zum Aufbewahren in ein Schraubglas füllen. Lichtgeschützt ist die Mischung etwa 6 Monate haltbar.

Für 1 Schraubglas (ca. 100 g) • 20 Min. Zubereitung • Pro Glas ca. 305 kcal, 10 g E, 9 g F, 44 g KH

MILDE CURRY-MISCHUNG

AROMATISCH

5 grüne Kardamomkapseln • 2 EL Koriandersamen • 1 ½ EL Kreuzkümmelsamen • 2 TL schwarze Pfefferkörner • 2 TL Bockshornklee • 2 TL gelbe Senfsamen • 1 TL Pimentkörner • 1 Stück Zimtstange (2 cm lang) • 1 EL getrocknete Curryblätter • 1 ½ EL Kurkumapulver

1 Die Kardamomkapseln mit einem großen schweren Messer zerdrücken und die Samen herauslösen. Alle Gewürze außer dem Kurkuma in einer Pfanne bei mittlerer Hitze unter Rühren kurz rösten, bis sie fein zu duften beginnen. Dunkel sollen sie nicht werden, sonst bekommt die Gewürzmischung eine bittere Note.

2 Die Gewürze in den Mörser geben und so fein wie möglich zerstoßen. Das Kurkumapulver untermischen und das Currypulver in ein Schraubglas füllen. Lichtgeschützt ist die Mischung ewta 1 Jahr haltbar.

Für 1 Schraubglas (ca. 100 ml) • 30 Min. Zubereitung • Pro Glas ca. 125 kcal, 5 g E, 3 g F, 18 g KH

THAI-CURRYPASTE

SEHR SCHARF

8 frische rote Chilischoten
1 Stängel Zitronengras (Asienladen)
2 Kaffir-Limettenblätter (TK, Asienladen)
1 Stück Ingwer (ca. 2 cm lang)
1 Stück frischer Galgant (ca. 2 cm lang)
3 Schalotten
3 Knoblauchzehen
2 Stängel Koriandergrün mit Wurzel
1 TL Koriandersamen
1 TL Kreuzkümmelsamen
Salz

1 Die Chilischoten waschen und putzen. Vom Zitronengras die äußere dicke Schicht entfernen und das obere Ende großzügig abschneiden. Die Limettenblätter waschen und trocken tupfen. Den Ingwer, den Galgant, die Schalotten und den Knoblauch schälen. Das Koriandergrün waschen und trocken schütteln, die Blättchen abzupfen, die Wurzeln schälen.

2 Alle diese Zutaten zunächst mittelgrob hacken und dann in einen passenden Mörser geben. Zusammen mit den Koriander- und Kreuzkümmelsamen alles so fein wie möglich zerstoßen und zu einer Paste verreiben.

3 Die Paste mit 1 TL Salz mischen und in ein kleines Schraubglas füllen oder portionsweise einfrieren. Im Kühlschrank hält sie sich mindestens 1 Monat. Vorsichtig dosieren, diese Currypaste ist in der Regel schärfer als die gekauften!

Für 1 Schraubglas (ca. 250 ml) • 40 Min. Zubereitung • Pro Glas ca. 495 kcal, 2 g E, 41 g F, 29 g KH

SAMBAL MIT TOMATEN

SCHARF

1 Stück Tamarindenmark (ca. 15 g, Asienladen)
1 Stängel Zitronengras (Asienladen)
1 Stück frischer Galgant (ca. 1 cm lang)
200 g Tomaten
10 rote Chilischoten
2 EL brauner Zucker
Salz
4 EL Öl

1 Das Tamarindenmark in einer Schüssel mit 5 EL Wasser begießen und mindestens 15 Min. quellen lassen. Dann das Tamarindenmark mit den Fingern gründlich verkneten, durch ein Sieb passieren und den Saft dabei auffangen.

2 Inzwischen das Zitronengras von der äußeren Schicht befreien und das obere Ende abschneiden. Den Galgant schälen und mit dem Zitronengras so fein wie möglich hacken. Die Tomaten mit kochendem Wasser überbrühen, häuten und klein würfeln. Die Chilischoten waschen, putzen und mit den Kernen grob hacken.

3 Chilis mit Zucker und ½ TL Salz im Mörser zu einer Paste verreiben. Die Paste in einer Pfanne im Öl andünsten. Alle restlichen Zutaten untermischen und offen bei mittlerer Hitze ca. 20 Min. unter rühren garen, bis die Mischung sämig ist. Das Sambal heiß in ein Schraubglas füllen. Im Kühlschrank hält es sich mindestens 1 Monat.

Für 4 Schraubgläser (je ca. 250 ml) • 40 Min. Zubereitung • Pro Glas ca. 300 kcal, 2 g E, 4 g F, 60 g KH

ANANAS-CHUTNEY

FRUCHTIG

1 Ananas
100 g Datteln (ohne Stein)
1 Stück Ingwer (ca. 2 cm lang)
2 getrocknete Chilischoten
1 EL Öl
2 TL gelbe Senfsamen
1 TL Kurkumapulver
100 ml Essig
100 g Zucker
Salz

TAUSCH-TIPP
Statt mit Ananas schmeckt das Chutney auch mit Mango sehr gut. Wer es weniger fruchtig mag, kann das Rezept mit Tomaten probieren.

1 Die Ananas vom Stielansatz und der Krone befreien und auf ein Küchenbrett stellen. Die Schale Streifen für Streifen abschneiden. Die braunen »Augen« aus dem Fruchtfleisch mit der Spitze eines Sparschälers entfernen. Die Ananas längs vierteln, den harten Strunk in der Mitte herausschneiden und das Fruchtfleisch klein würfeln.

2 Die Datteln klein würfeln. Den Ingwer schälen und fein hacken. Die Chilis im Mörser fein zerstoßen.

3 In einem Topf die Senfsamen im Öl anrösten, bis sie anfangen zu springen. Den Ingwer und das Kurkumapulver dazugeben kurz mitandünsten.

4 Die Ananaswürfel zusammen mit den Datteln, den Chilis, dem Essig und dem Zucker dazugeben und alles offen bei mittlerer Hitze ca. 15 Min. köcheln lassen, bis es dickflüssig ist. Dabei immer wieder durchrühren.

5 Das Chutney mit Salz abschmecken und heiß in Schraubgläser füllen. Die Gläser gleich verschließen und das Chutney abkühlen lassen. Es hält sich dunkel und kühl gelagert ca. 1 Jahr.

6 Ananas- und Mango-Chutney passen besonders gut zu indischen Geflügel- und Lamm-Currys, die ohne Kokosmilch zubereitet werden.

Für 4 Personen • 10 Min. Zubereitung • 1 Std. Kühlen • Pro Portion ca. 90 kcal, 4 g E, 5 g F, 6 g KH

INGWER-RAITA

ERFRISCHEND

1 Tomate, ca. 100 g
½ Bund Koriandergrün
1 Stück Ingwer (ca. 5 cm lang)
400 g Joghurt
1 TL Öl
Salz

1 Die Tomate waschen und in sehr kleine Würfel schneiden, dabei den Stielansatz entfernen. Das Koriandergrün waschen und trocken schütteln. Die Blättchen abzupfen und fein hacken. Den Ingwer schälen und fein reiben oder durch die Knoblauchpresse drücken.

2 Den Joghurt mit dem Öl verrühren. Die Tomatenwürfel, den Koriander und den Ingwer untermischen und den Joghurt mit Salz abschmecken. Die Raita ca. 1 Stunde kühl stellen.

3 Die Raita stammt aus Indien und schmeckt daher zu allen indisch inspirierten Currys, aber auch zu den Thai-Currys ohne Kokosmilch.

Für 4 Personen • 20 Min. Zubereitung • Pro Portion ca. 145 kcal, 3 g E, 11 g F, 7 g KH

KORIANDERPASTE

WÜRZIG

2 Bund Koriandergrün (ca. 40 g)
2 grüne Chilischoten
1 Bio-Limette
50 g Cashew- oder Pistazienkerne (ungesalzen)
2 EL Öl
½ TL Garam Masala (indische Gewürzmischung)
1 TL Honig
Salz

1 Den Koriander waschen und trocken schütteln. Die Blättchen abzupfen und grob hacken. Die Chilischoten waschen, putzen und mit den Kernen in Ringe schneiden. Die Limette heiß waschen und abtrocknen, die Schale fein abreiben und den Saft auspressen.

2 Die Nusskerne grob hacken und in einem hohen Gefäß mit dem Koriander, den Chilis, der Limettenschale, 3 EL Limettensaft, dem Öl, dem Garam Masala und dem Honig fein pürieren. Zum Schluss mit Salz abschmecken.

3 Die Paste schmeckt pur sehr gut, aber am besten zu Fleisch- und Fisch-Currys. Man kann sie auch mit Joghurt verrührt servieren.

REGISTER

Vegetarische Rezepte, die im Buch mit einem 🌢 gekennzeichnet sind, sind hier grün abgesetzt.

Abkürzungsverzeichnis:
E = Eiweiß
EL = Esslöffel (gestrichen)
F = Fett
kcal = Kilokalorien
KH = Kohlenhydrate
Msp. = Messerspitze
Pck. = Päckchen
TK- = Tiefkühl
TL = Teelöffel (gestrichen)
Ø = Durchmesser

Projektleitung: Dr. Maria Haumaier
Lektorat: Adriane Andreas
Korrektorat: Ulrike Wagner
Innen- und Umschlaggestaltung: independent Medien-Design, Horst Moser, München; Lucie Heselich, Svenja Wamser
Herstellung: Petra Roth
Satz: Kösel, Krugzell
Reproduktion: medienprinzen GmbH, München
Druck und Bindung: Firmengruppe APPL, aprinta druck, Wemding

Syndication:
www.imageprofessionals.com
Printed in Germany

09. Auflage 2024
ISBN 978-3-8338-6874-0

GRÄFE UND UNZER
Ein Unternehmen der
GANSKE VERLAGSGRUPPE

DIE AUTORIN

Cornelia Schinharl hat ihre Liebe zum Essen zum Beruf gemacht und gibt seit vielen Jahren ihren großen Erfahrungsschatz als Food-Journalistin und Kochbuchautorin weiter. Dafür hat sie schon zahlreiche Auszeichnungen bekommen. Für dieses Buch hat sie ihre Lieblings-Currys zusammengestellt.

DIE FOTOGRAFEN

Julia Schmidt und **Nikolas Hagele**, kurz **JUNI** genannt, rücken in ihrem Berliner Studio Food ins rechte Licht. Zusammen mit **Urs Hug** (Foodstyling) schmorten sie die herrlichen Currys für ihre perfekten Bilder.
www.juni-fotografen.de

BILDNACHWEIS

JUNI: S. 6–59 und Stepfotos auf den Klappen
Coco Lang: S. 01, 05 und Stillleben auf den Klappen
Autorenfoto: Martina Görlach
Coverfoto: Silvio Knezevic

TITELREZEPT

Rotes Thai-Curry (S. 37)

Umwelthinweis:
Dieses Buch ist auf PEFC-zertifiziertem Papier aus nachhaltiger Waldwirtschaft gedruckt.

QUALITÄTS G|U GARANTIE

LIEBE LESERINNEN UND LESER,

wir wollen Ihnen mit diesem Buch Informationen und Anregungen geben, um Ihnen das Leben zu erleichtern oder Sie zu inspirieren, Neues auszuprobieren. Wir achten bei der Erstellung unserer Bücher auf Aktualität und stellen höchste Ansprüche an Inhalt und Gestaltung. Alle Anleitungen und Rezepte werden von unseren Autoren, jeweils Experten auf ihren Gebieten, gewissenhaft erstellt und von unseren Redakteur*innen mit größter Sorgfalt ausgewählt und geprüft.

Haben wir Ihre Erwartungen erfüllt? Sind Sie mit diesem Buch und seinen Inhalten zufrieden? Wir freuen uns auf Ihre Rückmeldung. Und wir freuen uns, wenn Sie diesen Titel weiterempfehlen, in Ihrem Freundeskreis oder bei Ihrem Online-Kauf.

Sollten wir Ihre Erwartungen so gar nicht erfüllt haben, tauschen wir Ihnen Ihr Buch jederzeit gegen ein gleichwertiges zum gleichen oder ähnlichen Thema um.

KONTAKT ZUM LESERSERVICE

GRÄFE UND UNZER VERLAG
Grillparzerstraße 12
81675 München
www.gu.de

DIE »GU KOCHEN PLUS«-APP

1 APP HERUNTERLADEN

Laden Sie die kostenlose »GU Kochen Plus«-App im Apple App Store oder im Google Play Store auf Ihr Smartphone. Starten Sie die App und wählen Sie Ihren Küchenratgeber aus.

2 REZEPTBILD SCANNEN

Scannen Sie das gewünschte Rezeptbild mit der Kamera Ihres Smartphones. Klicken Sie im Display die Funktion Ihrer Wahl.

3 FUNKTIONEN NUTZEN

Sammeln Sie Ihre Lieblingsrezepte. Speichern und verschicken Sie Ihre Einkaufslisten. Oder nutzen Sie den praktischen Supermarkt-Finder und den Rezept-Planer.